La Forêt du Gâvre

Par M. Ed. Richer.

A Nantes,

De l'Imp. de Mellinet-Malassis.

E TUDES DESCRIPTIVES.

LA

FORÊT DU GAVRE,

Par M. Ed. RICHER.

A NANTES,
DE L'IMPRIMERIE DE MELLINET-MALASSIS.
A PARIS,
chez RAYNAL, lib., rue Pavée-S.-André-des-A.
1824.

LA FORÊT DU GAVRE.

Aprés les pays de montagnes et les bords
de la mer, il n'y a pas de spectacle plus
imposant et plus majestueux que la vue
d'une grande forêt. Sous le rapport de la
statistique, comme sous celui de la description purement pittoresque, il est
impossible de trouver ailleurs une plus
ample moisson d'observations nouvelles
et de peintures diversifiées.

La forêt du Gâvre, une des plus belles
de France, la plus étendue, la plus
importante, et la seule futaie même du
département de la Loire-Inférieure, présente un vaste théâtre aux recherches
de ce genre.

On s'y rend par la ville de Blain.
Deux chemins se présentent, en sortant
de Blain, pour arriver au Gâvre. L'un
y conduit directement ; l'autre est le
grand chemin de Redon, qui ne fait

que longer le fossé extérieur de la forêt; mais il passe proche de la Massaie, maison de campagne auprès de laquelle se trouve un monument que l'on peut être curieux de visiter.

Cette route diffère entièrement de celle qui passe à la Pasquelaie. C'est une de nos grandes routes. Elle se dirige d'Ancenis à Redon, et a été ouverte pour éviter de faire passer par Nantes, les troupes que le Gouvernement envoyait en Bretagne.

Le monument qui avoisine la Massaie est une enceinte circulaire de quelques centaines de pas, entourée d'un fossé profond. On a cru y voir un camp romain; mais l'espace n'en semble pas assez considérable pour qu'il ait servi à cet usage. Il est probable que c'est un de ces monumens inconnus, qui servaient à la religion druïdique. On sait combien d'enceintes circulaires, dont l'origine est évidemment celtique, ont été trouvées dans toute l'Europe. Les antiquaires ont donné le nom de cromlech à ces bassins arrondis, quand ils étaient formés de pierres. Pennaut a décrit à Stenni, une des îles orcades, un cercle de 55 toises de diamètre, dimension beaucoup plus considérable que l'enceinte circulaire de la Massaïe. *Le tout*, dit-il, *est environné d'un large et profond fossé, pour tenir à une certaine distance le profane vulgaire*. Le même voyageur a vu, dans l'île de Bute, une enceinte semblable, à laquelle on a donné le nom de *chaudron du diable*.

C'était aussi dans ces enceintes que les Celtes et les peuples de la Scandinavie procédaient à l'élection des rois. Il serait possible donc que ce fût un monument politique.

Quelle qu'ait été la destination de ce bassin, toujours offre-t-il de précieux souvenirs à l'amateur des antiquités nationales, et l'on doit applaudir au goût de celui qui en est le possesseur. Loin de l'avoir défiguré par ses ornemens de l'art, réprouvés depuis long-tems, il l'a laissé dans toute sa rudesse primitive, et couronné de ces vieux arbres qui rappellent le culte des Druides, dans un lieu où l'esprit est frappé de leur souvenir.

On se dirige, à travers les terres nouvellement ensemencées, vers un moulin, près duquel passe la route qui conduit au bourg du Gâvre. De là, on embrasse distinctement la vaste courbe de la forêt, qui se présente comme un cordon de collines noirâtres, et qui, à mesure que vous avancez, cerne presque tout votre horizon. En approchant davantage, on voit des prairies qui, dans cette partie seulement, suivent les sinuosités de la forêt; le tapis de verdure vient expirer aux pieds dés arbres, et il y a un contraste charmant, entre l'aspect riant de ces prairies couvertes de fleurs qui passent dans une saison, et la vue imposante de la forêt remplie de chênes séculaires.

A l'entrée du bourg, on passe devant

l'antique château du Gâvre. Ce château, dont l'histoire de nos pays nous laisse ignorer l'origine, paraît avoir été d'abord une ancienne forteresse bâtie sur le bord de la voie romaine. Sa forme ancienne était beaucoup plus longue que large, sans autre vide dans l'intérieur que celui des appartemens ; ses tours étaient régulièrement placées deux à deux , à chaque extrémité et dans le milieu ; la maçonnerie enfin offrait des pierres symétriquement posées par couches : tous ces caractères d'architecture indiquaient une des anciennes forteresses construites par les Romains.

Lors de la conquête de l'Armorique par les Bretons insulaires , ce château appartint aux anciens souverains de la Bretagne qui se le transmirent de règne en règne, jusqu'à l'époque où la Bretagne étant réunie à la France , il devint un domaine de la couronne.

Après la bataille d'Aurai , qui termina la longue querelle de Jean de Monfort et de Charles de Blois , Olivier de Clisson, attaché au parti de Monfort , demanda à ce prince la terre du Gâvre , en récompense de ses services. Montfort , ou plutôt Jean IV , car c'était le nom que le prince avait pris depuis sa victoire, répondit qu'il avait déjà disposé de cette terre en faveur de Jean Chandos , célèbre capitaine Anglais , à qui il était redevable du succès de ses armes. Clisson , blessé d'un refus que la préférence accordée à un rival , et surtout à un Anglais , rendait presque un outrage , s'écria avec fureur : *Je me donne au diable , si un Anglais devient mon voisin.* Il partit en disant ces mots , et , suivi de quelques gens de guerre , alla mettre le feu à une portion du château du Gâvre. Ce fut avec les matériaux qu'il en retira qu'il fit construire , à son château de Blain , *la tour du Connétable.* Tous les historiens de la Bretagne ont dit , et les étrangers ont répété après eux que Clisson n'avait pas laissé *pierre sur pierre* au château du

Gâvre ; c'est une exagération. Ce qui restait de ce château, il y a quelques années, était d'une architecture bien plus ancienne que la tour du Connétable à Blain.

Jean IV n'était pas un prince à pardonner ainsi une offense ; il reprit sur son sujet rebelle le château du Gâvre et y joignit la confiscation de quelques autres. Clisson lui répondit alors : *Vous m'avez ôté mes terres, par ce moyen j'aurai nom Olivier sans terre ; mais vous ne serez pas duc sans guerre.* Jamais prédiction ne fut mieux accomplie. Il est inutile de rappeler ici cette longue dispute dont les détails n'appartiennent qu'à l'histoire. Tout le monde connaît l'emprisonnement que Jean IV fit subir à Clisson, et la belle conduite de ce gentilhomme chargé d'égorger le Connétable, qui trompa la haine de son prince en servant sa gloire (1).

Le Château du Gâvre, la première cause de cette inimitié si fatale, resta au pouvoir de Jean IV. Ce prince, à sa mort, le laissa à son fils Jean V, qui lui succéda. Jean V n'eut pas plutôt atteint sa majorité qu'il donna ce château en apanage à son frère Artur de Richemond, qui fut connétable de France à l'époque la plus critique de notre histoire. Le connétable entreprit alors de réparer cet édifice ; mais le dommage qu'y avait fait Clisson était si considérable, qu'on entendit dire plusieurs fois à Artur, que son château lui coûtait par an les gages qu'il recevait du roi de sa charge de connétable. *J'en veux à Dieu, disait-il, je ferai ici une belle place et maison.* Il fit relever les chaussées qui entouraient les nombreux étangs.

Ces derniers travaux du connétable de Richemond subsistent en partie. Ces chaussées, qui avoisinaient le château, méritent encore aujourd'hui d'être visitées : l'une d'elles présente une longueur de 300 pas, sur une largeur de 25 pieds et une hauteur de 15. C'est une pure éminence de gazon, sans mélange de pierre ou de ciment.

A la mort d'Artur, François II, son neveu, monta sur le trône. Dès l'avé-nement de ce prince, Louis XI, qui cherchait à s'emparer de la Bretagne, fit un voyage dans cette province. Il cacha ses intentions politiques sous le prétexte d'un pélerinage à Saint-Sauveur de Redon. Françoise d'Amboise, veuve de Pierre II, que le roi de France se proposait de marier à Louis, duc de Savoie, alla se réfugier au château du Gâvre, pendant le voyage de ce monarque. Dans la suite, cette princesse se fit carmélite au diocèse de Vannes, et elle alla s'établir au couvent des Coëts, près de Nantes. Après sa mort elle fut canonisée.

Après la mort de François II, le vi-comte de Rohan profita des troubles qui accompagnèrent la minorité de la duchesse Anne, pour s'emparer du château du Gâvre; mais, à la fin de la guerre, il fut obligé de s'en dessaisir, d'après l'ordre que Charles VIII chargea le prince d'Orange de lui porter,

Une tradition vulgaire dit aussi que la reine Anne habita le château du Gâvre, mais nulle autorité historique ne confirme cette assertion. Plusieurs châteaux de nos pays revendiquent le même honneur, sans le moindre fondement. La reine Anne, avant son mariage avec Charles VIII, n'a habité la Bretagne que pendant deux ans et demi. A la mort de ce prince, elle est revenue passer seulement quelques mois à Nantes. Mais le peuple de ces contrées n'a conservé d'aucun de ses princes un souvenir plus vif que la princesse illustre qui a réuni la Bretagne à la France : son nom est dans toutes les bouches, et il n'est aucun des vieux châteaux, situés sur la route qu'elle a dû parcourir, qui ne reçoive d'elle son illustration.

Ce château resta aux rois de France depuis cette époque. Il est faux, comme on l'a dit, que Louis XIII en ait ordonné la démolition. C'était un domaine de la couronne, et l'édit de Louis XIII ne concerna que les édifices appartenant

à des seigneurs qui avaient pris le parti
protestant dans les guerres de religion.

Il n'y a pas un demi-siècle que la
majeure partie du château existait encore
et démontrait, par son antique architecture, qu'il n'avait jamais été démoli
entièrement par l'homme. Cet édifice était
accompagné de quelques autres bâtimens,
qui se prolongeaient dans l'espace qui le
sépare aujourd'hui du bourg. Ce sont ces
bâtimens sans doute que Clisson a détruits.
On y a trouvé, il y a quelques années,
une poutre réduite en charbon, vieux
témoin de l'incendie allumé par la colère
du connétable.

Le château du Gâvre fut vendu en
17..., à M. Bernard de la Turmelière,
sur lequel il fut confisqué en 1793. A
cette époque, il fut aliéné, comme domaine national, et un paysan du bourg
du Gâvre devint propriétaire du château
du connétable de Richemond.

Après ces longs détails historiques, l'on
est curieux, sans doute, de connaître

l'état actuel du château du Gâvre. Qu'on se figure quelques ouvriers, armés chacun d'une pioche, occupés à enlever les dernières pierres des fondemens de la dernière tour : voilà ce que l'on aperçoit en arrivant. C'est à-présent qu'on peut dire réellement du vieil édifice, *qu'il n'en reste pas pierre sur pierre*. Il est impossible d'éprouver de sensation plus pénible. Des tours de construction romaine exploitées comme une carrière, de petites buttes sablonneuses formées du ciment réduit en poussière, un sol à moitié inondé, des toises de pierres de maçonne alignées sur l'emplacement des anciens murs, voilà tout ce qui reste de ce château auquel se rattachait tant de souvenirs. Il semble voir ces lieux voués à l'exécration, ces terres des grands coupables, où l'on jetait autrefois, sur les murs rasés, le sel qui dévorait le germe des végétaux.

Un autre chercherait peut-être à présenter l'ombre indignée du connétable de Richemond, apparaissant tout-à-coup au

milieu de ces ruines. Ces machines poé-
tiques sont usées de nos jours. Nous
avons été tellement remués par les réalités,
que les fictions ne peuvent nous émou-
voir. Cependant , il est permis de déplorer
cette fureur de tout détruire, sous prétexte de tout rendre utile. Des ruines
récente s ajoutées à des ruines primitives,
offrent un tableau d'une vérité repous-
sante. Il est une utilité morale , qui passe
avant toutes les autres : les souvenirs du
passé ne sont pas des chimères , et les
scènes de l'histoire portent une impression solennelle , lorsque le voyageur
parcourt en silence les monumens qui
en ont été les témoins.

Le bourg du Gâvre touche presque au
château , ou du moins à son emplacement:
Ce bourg , situé à sept lieues de Nantes ,
dans un lieu bas et humide , consiste
en une seule rue , mal - propre , mais
assez large , et bordée , de chaque côté ,
de maisons auxquelles leur ancienneté
donne un aspect un peu sombre.

Les habitans sont fiers de cette anti-
quité. Ils donnent à leur petite bour-
gade le titre peu mérité de *ville*, et, sans
s'embarrasser si l'érudition confirmera cette
prétention exagérée, ils disent que cette
ville *est la première qui ait été bâtie
sur la terre.*

Si le bourg du Gâvre datait de l'é-
poque où fut construit son château, il
serait d'une ancienneté remarquable ;
mais il n'en est pas ainsi. Pierre de Dreux,
duc de Bretagne, qui commença son règne
l'an 1212, fut le premier qui fit construire
des habitations au Gâvre. Pour engager
les cultivateurs à s'y fixer, il accorda
aux habitans du bourg plusieurs droits
dans la forêt, entre autres ceux d'y faire
paître leurs bestiaux et d'y prendre du
bois pour bâtir et pour se chauffer.

Jean II révoqua ces droits beaucoup
trop étendus, l'an 1296 ; mais il accorda
en dédommagement, aux habitans, l'e-
xemption des tailles, fouages, coutumes,
et ne conserva à l'égard de la forêt que

le droit de pacage et celui de prendre le bois mort. Ces priviléges ont été conservés en partie jusqu'à nos jours.

Le Gâvre est la seule des communes voisines de la forêt qui conserve le droit d'y faire pacager ses bestiaux. Les bêtes à cornes qui vont y paître portent toutes une marque distinctive qui les fait reconnaître. Quelque précieux que soient ces droits pour une population pauvre, il est de la justice de dire que rien n'est plus contraire à la conservation de la forêt.

Les bestiaux, mal surveillés, s'introduisent souvent dans les jeunes coupes, et les ravages qu'ils causent sont faciles à concevoir. Un autre droit, non moins abusif, est celui qui permet au cultivateur de couper des litières pour ses bestiaux. Les terrains que le paysan préfère sont ceux qui, étant renfermés dans des massifs, offrent une végétation plus vigoureuse; mais qui, par cet isolement même, seraient plus propres à se recouvrir de bois. L'instrument dont on se sert est une *étrèpe*, sorte de faulx recourbée qui détruit les jeunes plants épars dans la bruyère, et enlève avec eux une grande partie de la terre végétale. Ainsi les bestiaux détériorent les jeunes taillis, et l'homme éternise la stérilité dans les clairières.

Malgré les avantages accordés depuis huit cents ans aux habitans du Gâvre et ceux dont ils jouissent encore de nos jours, ce petit bourg ne s'est peuplé que lentement. Ce ne fut qu'en 173 0 que sa chapelle fut érigée en église paroissiale. Aujourd'hui, toute la commune n'offre que 1000 habitans, et le bourg n'en compte que 200. Cependant, une foire annuelle assez importante atteste l'avantage de sa situation. Il se vend, dans cette foire, des bœufs, des vaches, des chevaux et des oies.

De grand matin, l'on entend le bruit du cor rustique du vacher chargé de conduire les bestiaux dans la forêt. Le son de cet instrument a quelque chose de sourd et semble un peu triste. C'est un coquillage assez gros, qui vient d'Amérique, où il sert aussi de cor de chasse à quelques nations sauvages; c'est le rocher connu sous le nom de *Lambis*. Tous les paysans de ces cantons s'en servent pour s'appeler mutuellement, comme on le fait ailleurs avec une corne de bœuf.

On quitte aussitôt *la ville bruyante*, et l'on entre dans la forêt. D'abord l'on s'attend à voir

De ces vastes forêts, l'immensité profonde,
Noires comme la nuit, vieilles comme le monde.
(DELILLE).

On n'aperçoit, dans certaines parties, qu'un bouquet médiocrement élevé. Il n'en est pas d'une forêt comme d'un bois. Celui-ci conserve partout à peu près la même physionomie ; l'impression que sa vue communique ne change point. Une forêt, mise en coupe réglée, change au contraire d'aspect suivant l'âge des arbres. Si la partie dans laquelle on pénètre n'offre que des chênes d'une trentaine d'années, le jour semble s'insinuer trop aisément dans leurs rameaux peu touffus : au balancement imprimé par le vent, les branches laissent passer et interceptent tour-à-tour la lumière ; c'est ce léger combat de la lumière et de l'ombre qui jette tant de vie dans un tableau, mais qui convient plus à la gaîté d'un bocage qu'à la majesté d'une forêt. La voix éloignée du pâtre, le son des clochettes des vaches qui passent au travers de ces arbres, tout indique la vie et le mouvement, et rien n'annonce le repos de la solitude.

On a bientôt franchi cet espace : les arbres sont plus élevés : on est entré dans une coupe nouvelle. La forêt est divisée en quatre triages ; chaque triage, limité par de grandes routes, est divisé en cent coupes. Chaque coupe est indiquée par une ardoise, sur laquelle est gravé son numéro.

Le nombre de stères que peut produire un hectare, dans les parties le mieux plantées, est de 3oo à 35o, et l'hectare a une valeur de 2ooo à 24oo fr.

C'est à la vue d'une grande forêt que l'on doit recommander plus que jamais les soins les plus minutieux, l'économie la plus sage. Celle du Gâvre, qui appartient au Gouvernement, est la seule debout, de tant d'autres dont elle était entourée il y a quelques siècles. Le besoin et l'avidité ont tout détruit dans nos contrées. Nous sommes dans une des portions les plus boisées de la France, et déjà le consommateur, le propriétaire, le peuple lui-même se plaint de la rareté des bois. Nos tribunes retentissent des craintes que tâchent d'inspirer les gens éclairés au Gouvernement, car la France entière deviendra bientôt comme l'Angleterre, où il ne reste plus aujourd'hui une seule forêt remarquable.

Le prix de chaque vente annuelle, en prenant le terme moyen du produit des dix années qui viennent de s'écouler, est de 55,127 fr. 23 c. Ce revenu n'est pas fort considérable, si on a égard à l'étendue de la forêt, puisqu'elle offre une circonférence de 35,017 mètres ; mais, sur 4,464 hectares, que renferme le fossé extérieur, 1,475 hectares ne présentent que des clairières couvertes seulement de bruyères et d'ajoncs.

La forêt du Gâvre est la seule de ce département qui offre des bois de construction pour la marine royale.

En s'approchant du centre, on prend une route bordée de vieux bouleaux au tronc blanchâtre, à la verdure légère et mouvante. Quelques-uns de ces arbres, entièrement dépouillés, contrastent, par leurs rameaux desséchés et immobiles, avec la cime agitée de ceux qui ont crû à leur base. Des hêtres énormes, qui se plaisent dans les terres fortes, jettent une ombre profonde dans l'intérieur des massifs ; à la surface du sol, on aperçoit un grand nombre de houx. Ces arbres sont, avec quelques variétés de chênes, les plus communs de la forêt. Le peuplier tremble, le nerprun, l'alisier, le sureau noir, le pommier, le poirier et le cerisier sauvages, sont les autres arbres de la forêt. Le cormier y est assez rare; mais il y vient fort bien, on le rencontre dans quelques-unes des avenues.

Le bruit du vent dans les feuilles agitées vous distrait presque de tout autre bruit, et l'on fait à peine attention, au premier instant, au ramage des oiseaux cachés sous cette ombre imposante. Un nombre presque infini d'oiseaux peuple cette solitude. La tourterelle, le rossignol, la grive, le gros-bec, la bergeronnette, le moineau des forêts, bien différent de celui des maisons, sont les oiseaux qui s'y montrent le plus souvent.

Les grands bois servent de retraite au pivert, à la huppe, aux troupes nombreuses d'étourneau. La bécasse est très-commune dans les clairières, et une des routes de la forêt porte le nom de cet oiseau. La bécassine, moins commune, fréquente les mêmes lieux. Les pigeons ramiers nichent du côté de Plessé, dans les vieux bois, où ils se nourrissent du fruit du merisier.

Ces paisibles habitans des bocages ne sont pas les seuls qui cherchent leur nourriture sous ces ombrages. Tandis que l'on tâche de les reconnaître à leur ramage varié, une ombre légère passe quelquefois rapidement sur votre tête : c'est celle de la buse, qui fond en silence sur sa proie. Cet oiseau vorace et les espèces congénères y sont en grand nombre. Le corbeau y abonde aussi prodigieusement. Les espèces de corneilles y sont très-multipliées. La plupart de ces oiseaux de nuit, dont le cri inspire une terreur superstitieuse, l'effraie, le hibou, la chouette, plusieurs espèces analogues, entre autres celle qui est appelée le grand duc, se rencontrent assez fréquemment. Près des étangs, les hérons se rassemblent en grand nombre. L'orfraie ou grand aigle de mer y habite en tout tems, et son nid, de la grosseur d'une barrique, est construit dans les branches supérieures des grands chênes.

Cependant, on parvient à une des routes principales. C'est une longue avenue où la vue, forcée d'aller en ligne droite, est comme renfermée dans une galerie, à l'extrémité de laquelle on ne voit paraître que le ciel. Ce serait fort ordinaire, si c'était en petit ; mais ici, cela ne laisse pas que de produire un bel effet. De chaque côté, des ombres profondes, diminuant de hauteur par l'éloignement, donnent à la route une perspective aérienne, où les couleurs dégradent de tons. Ce chemin conduit au centre, surnommé *l'Etoile*, où aboutissent les dix routes principales. Chacune porte son nom écrit sur un poteau qui commence déjà à laisser tomber son utile inscription.

La forêt n'a été percée que depuis 1810, et ce n'est que depuis ce moment qu'un nouveau mode d'aménagement a été mis à exécution. Les dix routes principales développent entr'elles une longueur de 42,797 mètres.

Le coup-d'œil du centre est vraiment remarquable. Chacune de ces routes, à son ouverture, a environ 20 mètres de largeur, et son extrémité ne paraît que comme une petite porte ouverte. On a construit dans cet endroit un petit temple circulaire où se réunissent les chasseurs. Il est entouré de pieds d'arbres qui en forment les colonnes naturelles. A l'intérieur, il est élégamment tapissé de mousse, et son toit de jonc ne ressemble pas mal à celui d'une hutte de sauvage.

Après s'être reposé quelque tems dans cet édifice, dont la structure au moins est en harmonie avec l'agreste nature au milieu de laquelle il est construit, on rencontre vers l'ouest la partie qui a été brûlée il y a six ans, sans qu'on ait su à quoi attribuer cet accident. Des troncs noircis sont encore debout au milieu de cet espace désert : c'est ce qu'on nomme, en terme forestier, un *bois-arcin*. Je ne sais quelle sensation pénible vous attriste au milieu de cette nouvelle clairière, dont nul accident pittoresque n'égaie un peu la stérile étendue.

Mille causes d'incendie se rencontrent

dans une forêt. On en a vu quelquefois
consumées dans leur presque totalité par
les bourres enflammées, qui partent du
fusil du chasseur. Souvent aussi, des in-
cendies ont été occasionnés par les paysans
qui vont recueillir, dans les troncs creusés
des chênes, le miel déposé par les abeilles.
N'ayant aucun autre moyen de se le pro-
curer, ils allument au pied de l'arbre
un feu assez considérable pour que la
fumée qui en résulte puisse asphyxier les
mouches à miel.

Après avoir quitté cette espèce de désert,
on en trouve un d'une autre nature, c'est
un carré vide, qui marque l'emplacement
d'une coupe récente, et où les arbres
n'ont pas encore donné de nouveaux re-
jetons. Rien de plus triste que ces petites
landes intérieures renfermées partout de
grands arbres. La vue y est emprisonnée
péniblement. Il semble qu'on soit dans
ces cours désertes de vieux édifices, en-
tourées de hautes murailles. On ne foule
sous ses pas que la bruyère à balais, et

quelques tiges odorantes de *mirica galé*, l'indice des terres froides. Toutes les clairières du Gâvre, à l'exception de celles de Curun, offrent à peu près le même coup-d'œil. Elles ne sont couvertes que de végétaux inutiles, qui forment une bourre épaisse. Privées du vaste horizon des landes et des vertes graminées des prairies, elles n'ont rien qui rachète leur stérilité.

L'année où les arbres ont été coupés, le sol ne présente que l'aspect d'une lande; la seconde année, le houx commence à tapisser de ses feuilles toujours vertes cet espace dépouillé; les années suivantes, le bouleau s'élève avec rapidité et couvre toute l'étendue de son léger feuillage; dans les ventes de dix ans, l'on n'aperçoit plus que les troncs blanchâtres de cet arbre. Cependant, le chêne croît sous cet abri; à 15 ou 20 ans, il perce d'espace en espace, et, à trente, ses flèches droites dominent tout ce qui l'entoure. Alors, les bouleaux, étouffés sous cette végétation vigoureuse , périssent ; ils couvrent de leurs débris le sol qu'ils avaient embelli de leur ombrage , et il ne reste plus aux pieds des chênes que quelques branches rares de houx.

L'atmosphère froide et humide de la forêt , plus sensible encore dans les clairières , y fait naître quelques plantes aquatiques.

On sort de cette enceinte par l'ouest : on n'y rencontre que des landes ; mais, pour que le contraste entre l'ombre des arbres et la nudité du sol soit adouci, le tardif chêne tomenteux, dont on ne voit au printemps presque que les boutons rougeâtres, forme seul la lisière de la forêt dans cet endroit.

La partie qui s'étend vers l'ouest porte le nom de Curun, et son extrémité est appelée le *Coin du Curun*. Il n'est pas présumable que ce nom vienne de ce que la forêt présente un angle saillant dans cet endroit : cette pointe n'existait pas autrefois, et le nom est plus ancien qu'elle. Il est présumable qu'on a désigné par le mot *Coin*, ce que les Gaulois entendaient par celui de Conck, un angle de terre formé par la rencontre de deux routes ou de deux rivières. Le Coin de Curun est précisément formé par la réunion de deux voies romaines, l'une venant de Saint-Gildas et l'autre de Rieux.

A l'extrémité de la route se découvre un petit toit neuf couvert en ardoises. C'était la demeure de l'un des gardes. Ces constructions ne datent que de ces dernières années, et rien n'est aussi utile pour la conservation des bois et la sûreté des voyageurs. Cependant, abstraction faite de leur utilité, ces petites cabanes, à la sortie d'une grande forêt, ont quelque chose qui désenchante un peu. Celui qui se croit dans un désert, en la parcourant est distrait d'une sensation grave et profonde, par la vue de ces maisonnettes.

Au dehors, est un fossé qui indique la limite extérieure de la forêt. Cette clôture , demandée avec instance en 1791 , n'a été exécutée qu'en 1810 ; les travaux mêmes n'ont été entièrement terminés qu'en 1814.

On se hâte bientôt de retourner à l'ombre et de se dérober à la chaleur du soleil. On ne tarde pas à trouver une vallée. L'ombre commence à se diviser : les arbres se présentent par bouquets isolés. Dans les intervalles, croissent des tiges rares et éparses de graminées qui forment des sortes de prairies. Un petit ruisseau coule au milieu sur un sol argileux, pavé de grès ferrifère. L'eau en est assez bonne, quoiqu'elle passe quelquefois sur des feuilles à demi-décomposées et sur des rameaux brisés. L'hydrate de fer, dont elle est empreinte, lui donne une qualité qui en fait disparaître l'insalubrité.

Le terrain est presque partout coupé de petits ruisseaux semblables qui tarissent en été, mais qui reparaissent dès les premières pluies. Le sol, en général assez uniforme, est une terre ar-

gileuse recouverte d'un *humus*, de 12 à
15 centimètres d'épaisseur, formé par
les *détritus* des anciennes végétations,
accumulées depuis si long-tems. Cette
terre, placée par la nature à la source
des rivières et des ruisseaux, ces arbres
qui attirent toutes les vapeurs atmosphé-
riques, l'égalité même du sol, tout con-
court à rendre la forêt un des lieux
les plus humides qu'il soit possible d'ima-
giner. Aussi les clairières n'y portent-elles
que le nom de *noës*, par lequel les paysans
de ces contrées désignent les endroits
marécageux. Ce mot est un terme breton,
qui s'emploie pour tous les terrains sur
lesquels les eaux séjournent l'hiver.

L'ouverture de quelques rigoles en cer-
tains endroits serait peut-être nécessaire
pour contenir et diriger ces eaux. Elles
procureraient aux parties inondées l'avantage que présentent les fossés latéraux
aux routes principales, qui, à l'aide de
ces saignées sont presque toujours prati-
cables.

Désire-t-on un spectacle nouveau, c'est celui d'une coupe de cette année. Des cabanes rondes s'élèvent au milieu des arbres abattus. Au lieu des branches du houx, ce ne sont plus que de petits copeaux de bois qui arrêtent votre marche. Ces huttes sont occupées par des sabotiers. Ces bonnes gens sont renfermés là-dedans des semaines entières, sans voir autre chose que les planches de leur cabane, où le jour donne d'en haut par une ouverture circulaire. Ils couchent sur des lits de camp placés autour de la chambre commune. On dirait les lits des matelots à bord d'un vaisseau; mais, moins heureux que ces derniers, leur cabane rustique est attachée au sol, et jamais d'autres objets que ceux de tous les jours ne viennent réclamer leur attention. D'espace en espace, autour de ces cabanes, s'étendent de larges empreintes circulaires où le sol noirci et brûlé indique qu'il a été fait du charbon.

Après cette coupe, on peut en visi-

ter une autre où travaillent des charpen-
tiers. On éprouve je ne sais quelle peine
à voir scier des arbres de cent ans, ces
vénérables patriarches des bois, comme
les appelle Delille. Quelquefois un de
ces troncs abattus offre 26 mètres de
hauteur, depuis sa base jusqu'aux premières branches, et environ deux mètres
de circonférence dans sa partie inférieure.
Ce long ouvrage du tems détruit en un
instant, ce majestueux produit de la
nature sacrifié à un luxe frivole ou à
un besoin passager, réclame un regret
du voyageur. Lorsque le soleil donne à
plomb sur la tête, qu'on cherche l'ombre autour de soi, on voit avec peine
ces débris renversés sur la terre. Les
oiseaux se sont enfuis, tout est désert
dans ces lieux, et le bruit monotone
des instrumens remplace seul le ramage
des chantres ailés des bois et le murmure du zéphyr dans les feuilles fré-
missantes.

Cependant, quand on a surmonté cette

première impression, ce n'est pas un spectacle sans intérêt que celui de l'homme civilisé, ébauchant les plus simples des arts dans une enceinte où fut construite la première cabane de l'homme sauvage.

Avant de terminer la journée, qu'on s'égare encore dans le milieu de la forêt. On prendra plaisir à s'y reposer à l'ombre. Nul autre bruit que celui du vent dans les arbres ne vient vous y troubler. Le feuillage léger du tremble imite tour-à-tour la chute soudaine d'une pluie d'orage ou le gazouillement des ruisseaux. Ce murmure, dispersé par le vent, fuit au loin dans les profondeurs des bois ; puis, se rapprochant subitement, il imite la chute d'une cascade voisine. C'est une sensation peu ordinaire que la jouissance du présent que ne trouble point le désir d'aller plus loin. Partout où la vue s'échappe du cercle qui la borne, les lointains vaporeux vous invitent à marcher vers eux ; mais quand,

lans un espace limité la vue est satis-
iite, il ne reste plus qu'à se reposer
it à admirer.

C'est vers le soir, qu'il faut examiner
s parties les plus boisées. Imaginez-
ous des milliers de troncs dont nulle
branche n'interrompt la continuité, et
urmontés seulement d'un léger chapiteau
le feuillage. Jamais monument n'offrit une
colonnade plus majestueuse. Le jour y
vient d'en haut, comme dans les cirques
et les temples des anciens. A l'horizon,
tout est borné de troncs couverts de
mousse. Si un rayon de lumière y trouve
une issue, il éclaire en entier le fond
de la forêt, et le feuillage semble un palais
aérien revêtu des couleurs les plus vives
et soutenu par des colonnes que la mousse
glauque qui les couvre fait paraître de
bronze. Si le vent ferme cette ouverture
mobile à la lumière et lui en présente
une autre, on voit le rayon brisé courir
rapidement comme une apparition sur
un espace devenu sombre tout-à-coup.

Il est impossible d'être affecté d'une manière plus solennelle. On retrouve là ces émotions tranquilles et profondes qu'inspire la vue d'une grande forêt. On se rappelle que c'est pour des lieux semblables que la poësie a créé ses premières fictions. Si l'on était sous le beau ciel d'Arcadie, on pourrait se croire entouré des dieux de la fable ; mais dans notre climat humide, il est plus simple de voir apparaître les Druides armés de la faucille d'or, et les Velleda couronnées de la verveine prophétique.

On se livre quelque tems à l'impression que communique cette idée. Tout n'est que d'hier dans ce qui nous environne ; on se plait à voir des objets qui nous font retrograder dans le passé. Cette illusion du moins peut être d'accord avec l'histoire, car la forêt du Gàvre a dû présenter jadis l'un des premiers temples druidiques. Rien n'indique, en effet, qu'elle ait été détruite depuis l'époque où les Romains pénétrèrent dans l'Armorique qu'ils trouvèrent couverte de bois.

L'on a visité encore que la moitié de la forêt, il reste à parcourir l'autre partie, où se trouvent les endroits les plus boisés et les arbres les plus anciens.

On s'achemine en conséquence vers le nord du Bourg. On gagne une petite butte, celle du Haut-Luc, d'où la vue embrasse un espace assez étendu. L'attraction qu'exercent les arbres sur les vapeurs répandues dans l'atmosphère, fixe dès le matin, sur la forêt une nappe de brouillards. Les inégalités du sol se dessinent à travers ce voile diaphane: on dirait une file de nuages redoublés. Si le soleil se lève dans un ciel pur, tout brille à l'horizon ; la forêt seule oppose un front ténébreux à tout cet éclat du jour ; son élévation est accrue par les vapeurs qui l'enveloppent ; il y a vraiment quelque chose d'imposant dans ce spectacle.

On s'aperçoit alors à une sorte de

respiration facile et vive, telle que celle qui s'opère sur les montagnes et sur les côtes élevées, combien l'air était chargé d'oxygène.

A l'extrémité nord-est, les arbres plus clair-semés aboutissent à une lande. Les troncs de plusieurs, croissant dans diverses directions, présentent quelques-unes de ces courbes qui sont si heureusement employées dans les constructions navales. Du sommet de la lande, la vue plane sur un fond sombre et inégal d'une longueur de trois lieues sur une largeur d'une et demie. Si le brouillard est dissipé, les étages de la forêt paraissent comme les ondulations de l'Océan qui se soulève sous un ciel orageux. Nul contraste ne plaît autant que le coup-d'œil que l'on a sous les yeux. Ces landes immenses, les véritables déserts de nos climats, opposées à l'ombre épaisse de la forêt, semblent présenter dans un même tableau l'état ancien, à côté de l'état actuel de la Bretagne.

La partie qui est devant vous a quelque chose de plus redoutable. La route la plus voisine est celle de *l'Homme Mort*. Des images de meurtre semblent ajouter leur horreur à la scène sauvage qui vous entoure, et l'on éprouve des sensations bien différentes de celles qu'on a ressenties précédemment. Dans cette partie, les anciennes routes existent encore. On regarde presque avec crainte ces chemins sinueux, dont l'ombre cache les détours, et qui diffèrent entièrement de ce plateau découvert. On dirait qu'en entrant dans la forêt, on ne quitte la lumière et l'espace que pour trouver une ombre inhospitalière.

L'impression désagréable que l'on a d'abord reçue se dissipe bientôt, et l'on prend plaisir à se trouver renfermé dans les détours de la route. On n'a plus devant soi l'importune ligne droite des chemins nouvellement tracés et la petite arcade bleuâtre de leur extrémité. La vue fixée sur chaque détour, on s'attend à un nouveau spectacle à chaque pas. Les lignes courbes sont les routes

de la curiosité : elles promettent toujours
plus qu'elles ne montrent. La ligne droite,
au contraire, offrant de suite ses limites, un
même coup-d'œil saisit la course et le but.

Les coupés de 10 ou 12 ans, qui sont
désagréables la veille, quand elles sont
coupées de longues avenues, plaisent alors
lorsqu'on les voit traversées de petits sentiers
ombragés. On oublie la forêt, et l'on
croit être dans des bosquets charmans.

En retournant vers l'ouest, à l'extrémité de la route du *Pas Portais*, on arrive
à des chênes immenses. La hauteur de
ces arbres vous frappe. Tous en ligne
droite comme des mâts de navire, leur
feuillage étendu jette une ombre profonde
à leurs pieds. Pas un rameau, pas une
feuille n'est agitée autour de vous; la
vue ne sarrête que sur les troncs immobiles des arbres. Le feuillage et la lumière sont loin au-dessus de votre tête.
Dans l'immobilité de ces lieux, tout paraît
endormi, et l'on craindrait presque de
fouler aux pieds les racines tortueuses

des arbres dont les courbes saillantes et la couleur lisse imitent la forme des serpens. Du pied d'un de ces colosses du règne végétal, l'on tâche de se rappeler les descriptions de forêts que l'on a lues autrefois chez nos poëtes, l'on s'explique alors ce que l'on éprouve, et l'on donne un langage à ses sensations. Auparavant, on avait approuvé l'épithète de *murmurante*, que donne aux forêts l'auteur des *Etudes de la Nature* ; maintenant, on applaudit aux poëtes qui ont si souvent chanté leur silence.

On descend la petite route du nord, et, après avoir traversé celle qui conduit de la Hubiais à l'Epine-des-Haies, on arrive à la métairie de la Magdelaine, la seule maison qui soit renfermée dans l'enceinte de la forêt. La vue des travaux rustiques dans une nature aussi sauvage, cause de la surprise, et l'on ne conçoit pas comment l'homme peut préserver les fruits qu'il fait naître, des bêtes sauvages dont il est entouré.

Les moissons surtout sont attaquées assez souvent par les sangliers. Les blés sont tellement exposés à l'époque de leur maturité, que les paysans tâchent continuellement d'effrayer ces animaux déprédateurs, en frappant sur des poëles et sur tous les ustensiles sonores du ménage. Mais cette musique bruyante ne suffit pas toujours. Le fermier ne quitte pas un seul instant le champ qui lui a coûté tant de peines ; il y couche même, monté dans une charrette, et c'est du haut de cette citadelle mobile qu'il attend, un fusil à la main, l'ennemi qui vient ravager ses moissons.

Mais les piéges suppléent quelquefois à cet appareil meurtrier. Voici le plus commun et le plus sûr de ceux qui sont mis en usage : On ferme exactement toutes les issues de la haie qui environne le champ, à l'exception d'une seule, que l'on connaît pour être la *passée* de l'animal, c'est-à-dire sa trace accoutumée. On cache, au milieu de cette ouverture, une faulx

renversée , dont le tranchant est dirigé
en dehors, et dont le talon est fixé
dans une direction tant soit peu oblique.
Le sanglier , guidé par cet appétit bru-
tal dont le cochon domestique peut
donner l'idée , se présente devant l'issue
qui lui est offerte. Irrité plutôt que dé-
tourné par l'obstacle , il s'ouvre les en-
trailles et va expirer à quelques pas
de là au milieu du champ qu'il avait tant
de fois dévasté impunément.

Le sanglier est en général assez commun : il se cache dans les ajoncs et les
endroits les plus fourrés. Quand il va
chercher sa nourriture dans la forêt , il
déracine de préférence les fougères. Les
trous qu'il creuse portent ici le nom de
fougeace. Quelquefois ces cavités sont
assez considérables pour être regardées
comme de véritables tannières , puisque
l'animal peut s'y loger tout entier. Il
n'est pas rare de voir les cochons do-
mestiques des villages voisins et les sangliers de la forêt donner une race croisée

peu estimée dans le pays , et très-dif-
ficile à élever, à cause de son instinct
sauvage.

Il existait autrefois des cerfs au Gâvre.
On en comptait, il y a trente ans, de
15 à 20 ; aujourd'hui, la race en a entièrement disparu ; le dernier a été tué
en 1796. Le chevreuil est beaucoup
moins commun dans cette forêt que dans
celles de Teillé et de Juigné. Dans les
états adressés au gouvernement en 1810 ,
on portait le nombre des chevreuils exis-
tant au Gâvre à 60 ou 80. Cet animal
paisible se montre quelquefois dans les
clairières et dans les landes environnantes.
On le voit sortir avec précaution des
buissons qui le cachent ; puis il se rend
au milieu de l'espace désert, prêt à s'en-
fuir au plus léger bruit. Le lapin est en
grande quantité dans les jeunes coupes ,
où il occasionne beaucoup de dégats , en
dévorant les bourgeons qui se développent et l'écorce même des premières branches. Le renard , aussi commun que lui ,

lui fait une chasse très-vive. Le lièvre est en très-petite quantité : il se tient de préférence dans les clairières. Le hérisson, la belette, le putois et d'autres petits quadrupèdes de la même famille se rencontrent fréquemment. Le blaireau pratique ses souterrains dans les endroits les plus solitaires des nouvelles tailles ; encore cet animal y est-il très-rare.

Le plus dangereux de tous ces animaux, c'est le loup. Heureusement, il est en assez petit nombre au Gâvre. Il habite de préférence les bois-taillis voisins ; il ne se refugie dans les futaies, que lorsqu'il est chassé de sa demeure ordinaire. Cependant, cet animal s'était plus multiplié dans ces cantons, dans les premières années qui ont suivi la guerre civile. Depuis, on lui fit la chasse, et on a vu d'année en année le nombre en diminuer progressivement. Le paysan le tue quelquefois à l'affût, mais il lui tend plus ordinairement deux sortes de piéges. Le premier, qui s'emploie aussi pour le renard , consiste à creuser une fosse que l'on recouvre d'une claie , sur laquelle est attachée une oie ou tout autre animal. La petite pastorale de Daphis et Chloë fait une description assez exacte de cette sorte de piéges.

La seconde manière , moins commune au Gâvre , est plus usitée à la forêt de Saffré. On plante une palissade circulaire ; dans laquelle on renferme un mouton. A six pieds de distance de cette palissade , on en construit une seconde un peu moins élevée. Le loup , apercevant sa proie au travers des barreaux qui de loin paraissent se confondre , ne voit qu'un obstacle entre elle et lui. Il s'élance aussitôt pour la saisir et tombe dans la première enceinte. Il est renfermé malgré tous ses efforts , faute de trouver dans cet espace étroit l'élan qui lui serait nécessaire pour en sortir.

La métairie de la Magdelaine , construite en un lieu nommé autrefois Iff , a pris son nom actuel d'une chapelle dédiée à Sainte Marie Magdelaine. Cette chapelle était un ancien prieuré dépendant de l'abbaye de Blanche-Couronne. Dès 1638, le prieur, devenu chanoine, dédaigna cette retraite sauvage et abandonna aux fermiers qui faisaient valoir la métairie, l'humble chaumière du fondateur. Il est à présumer que la concession de ce terrain fut due, dans l'origine, à la religieuse munificence de l'un de nos ducs. Aucun titre ne l'atteste plus aujourd'hui. La métairie a été arrentée en 1780.

Depuis cette époque, la petite colonie s'est accrue, et elle forme actuellement une sorte de communauté, jouissant des anciens droits des prieurs. Ces droits ont survécu à la révolution, et ils ont été confirmés par un arrêté du conseil de préfecture de Nantes, en date du 3 septembre 1802. Les habitans de la Magdelaine ont, de plus que ceux du Gâvre, le droit de prendre le bois mort dans la forêt, pour leur chauffage. On dit que la chapelle qui existe aujourd'hui ne date que d'environ

150 ans ; cependant, les vitraux de couleur qui ornent la fenêtre au-dessus de l'autel sont évidemment plus anciens. Cette chapelle, désignée pour être incendiée en 1793, a été sauvée par un pieux stratagème d'un habitant du Gâvre. Celui-ci la demanda pour y loger ses moutons, et elle ne lui fut accordée qu'après qu'il eût signé la promesse de la consacrer à l'avenir à cet usage.

A peu de distance de la Magdelaine, dans la partie occidentale d'une petite lande, et près de la route qui conduit de l'Etoile à l'Epine des Haies, il existe un vieux chêne, dont la base offre une circonférence de 31 pieds, et qui pousse à quelque distance de terre des branches aussi considérables que des arbres entiers.

Cet énorme végétal, connu sous le nom de *Chêne au Duc*, parce qu'on le croit avec raison contemporain des anciens souverains de la Bretagne, était autrefois le rendez-vous des chasseurs. Il a eu l'honneur d'être visité, dit-on, l'an 1504,

par Louis XII lui-même , lors d'un voyage que fit ce monarque en Bretagne,
cinq années après son mariage avec la
reine Anne.

Dans son état actuel de décrépitude,
le Chêne au Duc mérite cependant l'hom-
mage du voyageur. Ce vieil arbre conserve encore un reste de vie, et ce n'est
pas sans plaisir qu'on découvre de petites branches vertes derrière ses longs
rameaux desséchés : il semble que ce
soit le dernier adieu de la végétation.

En continuant sa promenade dans le
nord, au-delà de la route de l'Epine
des Haies, on atteint un endroit où le
sol humide ne permet pas de pénétrer
facilement dans toutes les saisons. Il est
impossible de voir un spectacle comme
celui qui s'offre à vos yeux. C'est la
forêt dans son désordre, c'est la nature
livrée à elle-même : des troncs rompus
embarrassent la route infréquentée ; les
arbres croissent dans toutes les directions ;
tous les âges semblent être mêlés ; l'ar-

bre usé de vieillesse est tombé sur celui qu'a frappé la foudre ; des troncs entiers, depuis long-tems desséchés, sont suspendus à des branches encore vertes ; d'autres, jetés dans le courant des eaux et creusés par elles, servent de lits à des ruisseaux à-demi taris. L'humidité entretenue sous ces vastes ombrages trace d'épaisses couleurs, sur ces troncs que des fongites rameuses ont revêtus de la livrée de la mort. Dans quelques endroits, le sol, dépouillé des feuilles que les années y ont accumulées, offre la trace récente d'un sanglier. Si quelques vieux nids paraissent sur les branches supérieures des hêtres, ce n'est point celui d'un habitant ailé des bocages ; c'est la retraite d'une grande espèce d'écureuil, que les paysans de ces cantons appellent *chat-sauvage, chat-écureuil.*

Ce petit quadrupède se trouve plus communément dans les grands bois qui avoisinent Châteaubriand. Il habite même de préférence les environs de la forêt que son intérieur. Il s'y rend au printems pour y faire son nid qu'il construit, à l'enfourchure d'une branche, de petits bois secs garnis de feuilles et de mousse. En automne, après avoir fait de longues excursions dans les jardins, où il se nourrit principalement des fruits du poirier Saint-Michel, il rentre dans la forêt, et renferme dans un arbre creux, les faines, les glands, les noisettes et les châtaignes, dont il se nourrit pendant l'hiver.

L'endroit vraiment remarquable où l'on se trouve serait celui de toute la forêt le plus favorable aux recherches du naturaliste. On est étonné, au premier coup-d'œil, de la grosseur des vers de terre et des limaces, vulgairement appelées ici *loches*, qui sont cachés sous les troncs renversés. Il semble que dans ce lieu bouleversé, dans cette image en raccourci des forêts du nouveau monde, on va voir paraître à chaque instant quelque animal inconnu.

Les insectes utiles, car c'est ainsi qu'on peut nommer les abeilles, fréquentent l'enceinte de la forêt. Nou-seulement elles se multiplient naturellement dans les vieux troncs mais il émigre aussi un grand nombre d'essaims des villages voisins, et tous viennent se diriger vers cet abri que leur offre la nature. Dans l'année 1819, on recueillit plus de 400 essaims échappés de cette manière des communes environnantes. Ce n'est pas trop de dire qu'un nombre aussi considérable s'est soustrait aux recherches. Un fait aussi remarquable joint à l'examen des végétaux convenables aux abeilles qui croissent spontanément dans ces cantons, fait présumer qu'on pourrait se livrer à une branche d'industrie qui y est inconnue jusqu'à ce jour. Il s'agirait d'établir sur la lisière ou dans les espaces vagues, une douzaine de ruchers de cinq à six cents ruches chacun. Il en existe de semblables dans certaines parties de la Prusse, et si ce pays est moins favorisé que le nôtre, on sait mieux

du moins y profiter des ressources terri-
toriales.

On éprouve une sensation difficile à
peindre dans cette solitude agreste,
lorsqu'on aperçoit autour de soi un grand
nombre de branches de houx dépouillées
de leur écorce. On se serait cru à cent
lieues des pays habités, lorsque cette vue
rappelle qu'il n'est pas de lieu si sauvage
qu'il soit où l'homme ne parvienne.

C'est, en effet, dans les endroits les
plus écartés que les pauvres gens pour
n'être pas surpris des gardes, vont enlever l'écorce du houx pour en faire de la glu.
Il n'est pas dans ce département de forêt qui renferme autant de houx que celle
du Gâvre.

On quitte ce lieu infréquenté pour
regagner l'Etoile, où l'on prend la route
directe du bourg. Après une heure de
marche, si l'on se retourne pour dire un
dernier adieu à la forêt, on admire encore une fois ce sombre rideau, sur le
devant duquel se détache le bourg du
Gâvre.

NOTE.

(1) Voyez le *Précis de l'histoire de Bretagne*, le *Voyage à Clisson*.